COLONISATION

DE LA

GUYANE FRANÇAISE

PAR

GUSTAVE BOUSQUET

CAPITAINE AU LONG COURS

BORDEAUX

IMPRIMERIE E. DURAND

COLONISATION

DE LA

GUYANE FRANÇAISE

PAR

GUSTAVE BOUSQUET

CAPITAINE AU LONG COURS

BORDEAUX

IMPRIMERIE J. DURAND

24, RUE VITAL-CARLES, 24

—

1882

COLONISATION

DE LA

GUYANE FRANÇAISE

———

Depuis longtemps l'opinion publique, les hommes pratiques, demandaient que les colonies fussent distraites du département de la Marine, et formassent un ministère à part.

A défaut d'un ministre spécial, nous avons obtenu un directeur des Colonies, ayons l'espoir que, sous son impulsion, nos possessions d'outre-mer prendront un plus grand développement et deviendront une source féconde de richesses pour la métropole :

1° En relevant notre marine marchande, à qui elles procureront un élément considérable de fret;

2° En procurant de plus grands débouchés aux produits manufacturés de la métropole;

3° En déversant par cette expansion extérieure ce trop plein de la population où viennent se recruter le plus souvent les soldats de l'émeute et les ennemis de la société, à laquelle ils reprochent leur déclassement, leur misère; et qui veulent enfin avoir leur place au soleil, et cela avec d'autant plus de raison, que, dans une société comme la nôtre, il arrive qu'au lieu de distinguer l'honnête homme de l'homme pervers, l'on est tenté de ne voir bien souvent que les vainqueurs et les vaincus d'une guerre sociale, où le bien est l'esclave du mal. Qu'il n'y ait de vrais malheureux que ceux qui veulent bien l'être.

Lorsque les hommes sortirent de dessous terre, ils se servirent de leurs poings, de leurs ongles pour se procurer les choses dont ils avaient besoin.

Le progrès et la science ont mis aujourd'hui à la portée de l'homme tous les instruments nécessaires pour faire contribuer la terre à son bien-être.

N'oublions pas que, de tout temps, la terre a été la source principale de nos richesses.

L'homme seul, isolé, ne peut rien ; c'est à l'esprit d'association, au travail coopératif que nous devons demander la réussite d'une bonne colonisation.

CONSIDÉRATIONS SUR LES GUYANES

RICHESSES DE LA GUYANE FRANÇAISE

La Guyane française dont le chef-lieu est Cayenne, se trouve comprise entre la Guyane hollandaise au N.-O. et le Brésil au S. et au S.-O. ; elle est bornée au N. par le Maroni, au S. par l'Ararouari. Sa superficie est de 150,000 kilomètres carrés. Sa population n'est que de 30,000 habitants, y compris les hommes de couleur.

Si de préférence je traite de la colonisation de la Guyane française, c'est que je connais ce pays et les ressources que l'on peut en retirer.

En l'année 1859, je fus l'initiateur, le collaborateur d'une exploitation qui dut être abandonnée parce qu'elle manquait de bras et de capitaux.

A cette époque cette colonie se trouvait sous la juridiction immédiate du ministre de la Marine, plus particulièrement occupé des questions militaires et d'une question plus importante encore, surtout alors, celle des pénitenciers.

Aujourd'hui que nos colonies vont avoir une direction à part, nous espérons que leur directeur se préoccupera de leur prospérité au point de vue commercial, industriel et agricole, toutes choses inséparables d'une bonne colonisation.

Au ministère de la Marine doit incomber la défense, la garde de nos possessions d'outre-mer, la direction, la surveillance des pénitenciers, et, en mettant le soldat à côté du laboureur, nos possessions ultra-marines sauvegardées, deviendront florissantes.

Ce fut en l'année 1858 que j'abordai pour la première fois, comme capitaine commandant un navire, dans ce pays si riche par la nature de son sol, et cependant si abandonné.

Je fus effrayé de l'état de misère dans lequel se trouvait cette colonie, et rien ne me prouve que les choses aient changées depuis cette époque.

L'importance de Cayenne, chef-lieu de la Guyane française, est tout à fait nulle au point de vue commercial, industriel et agricole.

Au point de vue commercial, je n'ai constaté dans toute la Guyane que deux maisons de quelque importance, la maison Lalanne et la maison Franconi.

Ces deux maisons de détail se bornent au commerce d'importation, car, chose triste à dire, Cayenne, qui pourrait fournir des produits de la plus grande valeur, ne récolte rien, et se voit obligé de tirer du dehors tout ce qui est nécessaire, tout ce qui est indispensable à l'entretien des habitants de ces contrées si favorisées de la nature, si abandonnées des hommes.

Ce ne fut pas sans une grande surprise, que je vis importer du Brésil le bétail nécessaire à l'alimentation de cette colonie, où l'élevage serait des plus faciles, et constituerait une de ses principales richesses, par le commerce d'exportation qu'elle pourrait faire avec les Antilles françaises, la Martinique et la Guadeloupe.

Mon esprit fut assailli par de bien tristes réflexions lorsqu'après avoir quitté la Guyane française, je visitai la Guyane hollandaise, dont le chef-lieu Surinam, ville riche, puissante par son commerce et son industrie, offre le bien-être et le confort de nos grandes villes européennes.

De nombreuses et riches plantations de canne à sucre, alimentent une quantité de navires, qui viennent y prendre des chargements pour un des ports de la Hollande.

Là tout y est vie, tout y est mouvement, tout y respire le bonheur, le contentement de soi-même.

Tandis que, dans la Guyane française sa voisine, tout y est misère, pauvreté, au lieu de cette activité commerciale, industrielle, maritime, qui dénote la richesse, la prospérité : c'est le pas cadencé de la chiourme, le bruit sinistre de la chaîne du forçat!!... puis quelques employés des bureaux de la marine, flânant au milieu d'un pâté de maisons isolées les unes des autres, en attendant l'heure de l'ouverture des bureaux, où ils pourront lire le journal du jour, ou le roman à la vogue : tel est Cayenne chef-lieu de la Guyane française.

En quittant Surinam, je pris passage sur un magnifique steamer hollandais qui fait le voyage entre Surinam et Demerari, chef-lieu de la Guyane anglaise.

Si de la Guyane française, l'on veut se rendre à l'une des deux autres Guyanes, l'on est obligé de prendre passage sur un navire de l'Etat, ce qui peut donner une idée du mouvement commercial et maritime de notre colonie, où tout est à faire, tout est à créer.

A Demerari, l'activité commerciale et industrielle est plus développée qu'à Surinam, où le mouvement est plus agricole.

En débarquant à Demerari, je crus aborder dans un de nos plus riches ports de mer, tant son activité est grande, ses quais ou trapiches (1) encombrés de marchandises qui embarquent ou qui débarquent.

La ville, d'un bel aspect, a des rues larges, spacieuses, bien

---

(1) Quais en bois s'avançant dans la rivière, et munis à leur extrémité d'une grue qui sert à l'embarquement et au débarquement des marchandises.

tenues, des magasins. qui n'ont rien à envier à nos plus beaux magasins d'Europe.

Des quantités de navires d'un fort tonnage donnent tous les jours un aliment nouveau d'échanges, de transactions à ce peuple pratique par excellence, qui tourne tous ses efforts vers le travail, le commerce, l'industrie, et cette bonne colonisation qui caractérise les races saxonnes, à l'inverse des races latines qui dépensent toute leur activité en paroles, en vaines utopies.

En présence d'un pareil contraste, je dus me demander, si les conditions climatériques, la topographie des lieux, l'hydrographie des côtes, n'avaient point permis à la Guyane française, d'imiter ses voisines les Guyanes anglaise et hollandaise et de prospérer comme elles.

Au point de vue climatérique, dans toute la Guyane française, comme dans les deux autres, il n'existe pas de maladies endémiques, la fièvre jaune a pu y faire quelques apparitions, mais à l'état épidémique.

Au point de vue topographique, la Guyane française est arrosée par de grands cours d'eaux, aboutissant à la mer, navigables pour des bateaux d'un faible tirant d'eau, voies de communication naturelles qui peuvent être utilisées avantageusement, en vue d'une exploitation.

Des forêts immenses, où toutes les essences de bois se rencontrent, couvrent en grande partie le sol de la Guyane française.

L'Approuague renferme de riches mines d'or, qui n'attendent plus que des bras et des capitaux pour être exploitées et donner de bons résultats.

La Guyane française confine aux côtes du Brésil, dont le sol est le même, et où l'on pourrait cultiver avec avantage, comme cela a lieu au Para et à Maranham, pays limitrophes, le coton et le caoutchouc.

De vastes savanes pourraient servir à l'élévation du bétail, et alors la Guyane française, au lieu d'être la tributaire du Brésil, pourrait, tout en s'alimentant, en exporter aux îles des Antilles, Guadeloupe et Martinique.

Au point de vue hydrographique, les côtes de la Guyane française ont été parfaitement décrites par l'amiral Tardy de Montravel.

Ces côtes sont d'un facile accès, les instructions de l'amiral Montravel peuvent se réduire à ceci : se méfier des courants qui portent violemment dans le Nord, ce qui a lieu du reste pour les côtes de la Guyane hollandaise et de la Guyane anglaise.

La seule précaution à prendre pour le navigateur qui se rend à un des points de la Guyane française, est d'atterrir quelques milles plus au Sud du point qu'il veut atteindre.

S'il est destiné à Cayenne, où se rendent généralement les navires qui vont à la Guyane française, en atterrissant quelques milles plus au Sud, il trouvera des points de reconnaissance infaillibles qui lui permettront de continuer en toute sûreté, sa route pour Cayenne. Ces points de reconnaissance sont les îles des Mamelles, du Père et de la Mère.

Amers qui n'existent point pour Surinam et Demerari, dans ces deux derniers endroits, les navires sont obligés de remonter en rivière sur un assez long parcours, tandis qu'à Cayenne, une rade large, spacieuse s'offre de suite au mouillage des navires qui viennent y faire des opérations de commerce.

La Guyane française se trouve sous tous les rapports offrir plus d'avantages que les Guyanes anglaise et hollandaise, et cependant elle végète, elle languit, n'est d'aucune ressource pour la métropole à qui elle coûte au lieu de rapporter.

Tandis que les autres Guyanes, indépendamment de se soutenir elles-mêmes, offrent de grands débouchés au commerce de leur pays, et procurent un élément considérable de fret à leurs navires.

————

Frappé de la richesse forestière de la Guyane française, je remis à mon retour en France, des notes à une maison de Bordeaux, qui consentit à tenter cette exploitation.

Un navire dont le commandement me fut confié, le *Paquebot-de-Cayenne*, jaugeant 180 tonneaux, d'un tirant d'eau de onze pieds maximum, mâté en trois-mâts goélette, fut, sur mes données, construit sur les chantiers de M. Germain, à Bacalan (Bordeaux), le même qui construisit le navire *Paris-port-de-mer*.

Dès mon premier voyage, je m'aperçus bien vite que cette exploitation péchait par la base.

Le directeur, militaire distingué, aujourd'hui colonel d'infanterie marine, était loin de réunir les qualités nécessaires pour mener à bonne fin une pareille entreprise. Je crus reconnaître, et non sans raison, que cette exploitation était pour lui un agréable passe-temps, une villégiature de quelques mois passés à la campagne, mais je ne reconnus ni l'ordre, ni cet esprit de suite nécessaire et indispensable pour contribuer à la prospérité de cet établissement.

Le personnel occupé à cette exploitation, composé entièrement de forçats, donnait un très mauvais travail, travail inintelligent, sans initiative aucune, comme tout travail forcé qui n'a pas même pour stimulant le salaire. La mauvaise volonté de ces travailleurs était apparente.

Le rendement du travail nul ou dérisoire. Je reconnus alors que toute exploitation entreprise avec de pareilles gens était impossible.

À la mauvaise direction, au triste personnel de l'exploitation, venait se joindre une des principales causes d'insuccès ; je veux parler du manque de capitaux de la maison qui s'était mis à la tête de cette entreprise, et que l'on m'avait cependant donné comme possédant de grandes ressources.

Je m'aperçus bien vite du contraire, et la suite a prouvé que j'agis très sagement en me retirant, après un voyage, de cette association qui devait si tristement sombrer.

Si les résultats furent pour moi négatifs, j'aurai au moins eu l'avantage de voir, d'apprendre par où péchait cette entreprise, j'aurai fait école, et heureux je suis aujourd'hui que nos colonies sous l'impulsion d'un habile directeur, vont prendre un grand développement, d'apporter ma part d'expérience, et de pouvoir être un des collaborateurs de cette grande œuvre qui a pour but le développement et la prospérité de nos possessions d'outre-mer.

Comme je l'ai déjà dit, l'homme seul, isolé ne peut rien ; c'est à l'esprit d'association, au travail coopératif que l'on doit demander la réussite pour de semblables entreprises, et arriver à une bonne colonisation.

Partant de ce principe, toute société de colonisation, si elle veut réussir, doit être basée sur l'esprit d'association, sur le travail coopératif

SOCIÉTÉ DE COLONISATION

La Société de colonisation qui se formerait pour la Guyane française, devrait être agricole, industrielle, commerciale et maritime. Il est du devoir du gouvernement de favoriser cette entreprise ; l'intérêt de sa marine l'exige, elle ne peut être en outre qu'une source de richesses pour une nation maritime comme la France. Et lorsque l'on saura que le gouvernement s'intéresse à cette colonisation, l'on verra tous les efforts dirigés vers ce but.

Ce que nous demanderons d'abord au gouvernement, c'est de déclarer ports libres, tous les ports de la Guyane française, plus d'entraves, plus de douanes ; imitons à ce sujet l'Angleterre, qui a su faire d'un rocher, de Gibraltar, un grand centre d'activité commerciale.

Que pendant la période nécessaire au développement de la colonisation, période que je fixe à dix ans, les produits de la Guyane ne soient soumis à aucun droit à leur entrée en France.

Une question importante est à l'ordre du jour, les récidivistes, que doit-on faire d'eux ?

Dans les travaux de colonisation, je ne suis point partisan d'employer des forçats, la nature de leurs crimes les classe le plus souvent parmi les fauves, et, à ce titre, ils doivent être bannis de la société, mais il ne saurait en être de même de l'homme qui ne demande qu'à être retiré du milieu dans lequel il vit, pour devenir bon.

Le gouvernement se propose de reléguer les récidivistes aux colonies ; mais s'il est bon de les reléguer (mot employé dans le rapport qui doit être, sous peu, discuté par les Chambres), il n'est pas moins bon de les rendre utiles, de les faire revenir au bien.

Je crois donc que l'on agirait sagement en créant dans la Guyane française une maison de *relégation* dont le siège principal serait à Cayenne.

Les récidivistes y seraient casernés, surveillés ; l'on établirait des ateliers pour tous les métiers. Ici, l'on ne pourra pas m'objecter que l'on portera préjudice aux industries du pays, il n'en existe pas.

A Cayenne, où j'ai eu l'occasion d'employer un horloger, un menuisier, je fus obligé de m'adresser à des forçats. Je crois que l'on pourrait en dire autant des autres corps d'ouvriers.

Le récidiviste aurait droit à la ration et au logement. Une faible retenue serait faite par le gouvernement sur son salaire pour le couvrir de ses frais.

Le récidiviste qui, au bout d'un an de séjour dans la colonie, justifierait d'une bonne conduite, et d'un salaire ou d'un avoir lui permettant de vivre en dehors de la maison de relégation, serait libre de le faire.

La Société de colonisation pourra recruter parmi eux des travailleurs. Dans ce cas elle les entretiendra, et leur paiera un salaire qui devra être débattu entre les agents du gouvernement et le comité de la Société de colonisation, une retenue lui sera faite pour lui constituer une masse.

Après cinq ans passés dans la Société de colonisation, le récidiviste, qui justifiera d'une bonne conduite, pourra devenir propriétaire fermier.

Au bout de dix ans passés dans la Société de colonisation, le récidiviste qui pourra justifier d'une conduite irréprochable, et d'un petit avoir, pourra devenir propriétaire acquéreur.

Son dossier judiciaire sera solennellement brûlé devant une assemblée composée des notables de la colonie, et des principaux colons. Sa réhabilitation complète aura lieu.

CONCESSIONS DEVANT ÊTRE ACCORDÉES PAR L'ÉTAT A LA SOCIÉTÉ DE COLONISATION

La Société versera dans les caisses du trésor, au profit du gouvernement, 100 actions de la Société de colonisation.

En échange de quoi le gouvernement concédera à la Société :

1° Des terrains pour l'élevage du bétail. Après cinq ans, consacrés à la formation du troupeau, l'entrée des viandes du Brésil sera interdite dans toute la Guyane française.

Pendant le temps consacré à la formation du troupeau, la Société établira une factorerie sur l'Orénoque pour la préparation et la conservation des viandes, qu'elle exportera dans les Antilles françaises.

2° L'Etat accordera une concession de forêts, les bois à exploiter sont les bois de construction, de charronnage et d'ébénisterie.

Les bois de construction trouveront un écoulement facile aux Antilles, les bois de pin, les essences, les gommes seront envoyées en France pour y être vendus. Après le défrichement des forêts, les colons cultiveront le rocou (Bixa-orellana), matière colorante rouge très estimée, que je fus des premiers à importer en France.

Avec le rocou, l'on cultivera tous les autres produits venant facilement.

3° L'Etat concédera les terres minières susceptibles de pouvoir être exploitées.

4° Une subvention sera accordée aux steamers de la Société, faisant les voyages réguliers entre la Guyane française et la métropole.

Moyennant cette subvention, la Société de colonisation se

chargera de porter gratuitement les dépêches, ainsi que les passagers civils et militaires. Le matériel du gouvernement sera transporté à moité frêt du cours ordinaire.

FLOTTE DE LA SOCIÉTÉ

La Société possédera :

1° Six steamers, de 1,500 à 2,000 tonneaux de jauge, mixtes, force nominale 200 chevaux, machines système Compound.

Le tirant d'eau ne devra pas excéder 15 pieds.

Trois bateaux seront attachés au port du Havre.

Les trois autres au port de Marseille.

2° Quatre bateaux à vapeur à fond plat, force nominale 8 chevaux. Ces bateaux seront affectés au service des rivières : Orénoque, Oyapock, Maroni et rivière de Cayenne.

3° Trois chaloupes à vapeur de quatre chevaux, force nominale ; elles seront affectées au service de la rade de Cayenne. Remorquage des chalands pour l'embarquement et le débarquement des navires.

4° Six goëlettes à voile de 200 à 250 tonneaux de jauge.

Elles seront affectées au cabotage des Antilles et de la côte du Brésil.

Deux de ces goëlettes serviront au transport des bois, et seront construites *ad hoc*.

Deux autres seront destinées au transport du bétail, et seront construites en conséquence.

Le tirant d'eau de ces goëlettes ne devra pas dépasser onze pieds.

5° Deux bateaux-citernes, pouvant contenir chacun d'eux trente tonneaux d'eau.

CHALANDS

Le comptoir de Cayenne possédera six chalands en tôle pouvant contenir chacun d'eux vingt tonneaux de charbon.

Six chalands, pouvant contenir chacun d'eux trente tonneaux de marchandises. Ces chalands seront recouverts, et ils seront affectés aux marchandises.

RIVIÈRES

—

COMPTOIR DE L'ORÉNOQUE

Indépendamment du vapeur de la force de huit chevaux dont il a déjà été question,

Un chaland pour le transport du charbon jaugeant vingt tonneaux.

Deux chalands recouverts pour les marchandises, jaugeant trente tonneaux.

Un allège pour les bois, pouvant porter quarante tonneaux en volume.

COMPTOIR DE L'OYAPOCK

1° Bateaux à vapeur de 8 chevaux force nominale.

Un chaland pour le service du charbon pouvant porter en poids vingt tonneaux.

Deux chalands, recouverts pour les marchandises, de la jauge de trente tonneaux.

Un allège pour les bois pouvant prendre en volume quarante tonneaux.

COMPTOIR DE MARONI

Même outillage que pour l'Orénoque et l'Oyapock.

COMPTOIR DE LA RIVIÈRE DE CAYENNE

Vapeur de huit chevaux, force nominale.

Un chaland pour le transport du charbon, pouvant porter en poids trente tonneaux.

Deux chalands recouverts pour les marchandises, pouvant porter chacun d'eux trente tonneaux.

Trois grands allèges pour le transport des bois

La rivière de Cayenne est celle qui arrose les plus riches forêts de la Guyane, c'est sur les bords de cette rivière qu'eut lieu l'exploitation dont j'ai parlé plus haut.

COMPTOIR DE L'APPROUAGE

Ce comptoir sera affecté à l'exploitation des mines. Des voies de communication relieront les placers aux points les plus voisins de la côte, où tout sera disposé pour l'embarquement du minerai, qui sera transporté à Cayenne, où l'épuration aura lieu. Les placers de l'intérieur des terres seront reliés avec Cayenne par une voie ferrée.

Un chantier de construction et réparations de navires sera établi à Cayenne.

Les bois de construction étant abondants, la construction des navires pourra être une branche d'industrie.

L'on construirait des navires pour le Brésil et la Plata, qui n'emploient le plus souvent que des navires ayant été déjà condamnés.

La Plata surtout emploie beaucoup de grandes embarcations qui pourraient être avantageusement construites sur les chantiers de Cayenne.

SERVICE DES STEAMERS DE LA SOCIÉTÉ

Un départ aurait lieu tous les mois du Havre.

Un autre de Marseille.

Le bateau partant du Havre toucherait à Lisbonne, aux Canaries pour se ravitailler en charbon. Des Canaries, il se dirigerait sur la Martinique en se servant, autant que possible, de ses voiles pour traverser la zone des vents alizés.

De la Martinique il ferait route sur Cayenne, et de Cayenne au Para et à Maranham. Deux points pouvant fournir un grand aliment de frêt pour le Havre et les ports du Nord avec transbordement au Havre.

Retour : escale à la Martinique et à la Guadeloupe, relâche aux Açores pour y faire du charbon, des Açores à Lisbonne, de Lisbonne au Havre, le port d'armement.

La relâche aux Açores serait facultative ; elle n'aurait lieu qu'en prévision d'un manque de charbon, ce que devraient décider le capitaine et le maître mécanicien du bord.

DÉPARTS DE MARSEILLE

Le vapeur partant de Marseille toucherait à Gibraltar, de Gibraltar aux Canaries pour y faire du charbon, et des Canaries, se servant le plus possible de la voile pour traverser la zone des vents alizés, il ferait route pour la Guadeloupe ; de là, à la Martinique, et enfin Cayenne.

Retour : Martinique, Guadeloupe, Canaries, Gibraltar et Marseille.

La relâche de Gibraltar serait facultative et n'aurait lieu qu'en prévision d'un manque de charbon.

La route à suivre, le nombre de milles à parcourir toutes les vingt-quatre heures, sauf le cas de force majeure dûment constaté par le journal du bord, seront ultérieurement fixés aux capitaines commandant les steamers.

RECRUTEMENT DES COLONS, EMPLOYÉS, FOURNISSEURS ET ENTREPRENEURS DE LA SOCIÉTÉ

Tout homme valide, n'ayant pas dépassé la quarantaine, n'ayant encouru aucune peine infamante, pourra être engagé comme colon, libre à lui d'amener sa famille s'il est marié.

La Société de colonisation étant basée sur le travail coopératif, une retenue de 1/4 sur les salaires sera faite à tout colon et à tout employé à quelque titre qu'il appartienne.

Cette retenue sera convertie en actions de la Société.

Comme employés, fournisseurs, constructeurs à mérite égal, à prix égal pour les fournitures et constructions, la Société prendra de préférence ceux qui auront souscrit pour un plus grand nombre d'actions.

CONSTITUTION DE LA SOCIÉTÉ

La Société sera constituée au capital de 10,000,000 de francs, divisés en 25,000 actions émises au taux de 400 francs.

Le siège de la direction sera Paris.

Le siège de la commission principale sera Cayenne.

DISPOSITIONS GÉNÉRALES

Sur tous les points principaux de l'exploitation, des baraquements provisoires en bois, offrant un logement sain, et relativement confortable, seront destinés aux colons.

Pendant les trois premières années employées aux défrichements des terres, les colons recevront un salaire qui variera suivant les aptitudes et les services rendus.

Passé ces trois ans, ceux qui voudront devenir propriétaires fermiers, ou propriétaires acquéreurs pourront le faire, s'ils sont reconnus aptes par le comité d'exploitation siégeant à Cayenne. Dans chaque grand centre d'exploitation un magasin général, contenant effets d'habillements, victuailles, outils, instruments aratoires, sera mis à la disposition des colons.

Le paiement des objets fournis aura lieu mensuellement, par cinquièmes.

Les objets devront être de bonne qualité et fournis au prix de revient, une commission où figureront trois colons de l'exploitation nommés par leurs collègues, sera chargée de vérifier et approuver la qualité des matières fournies, et l'application des prix.

Une infirmerie sera établie dans chaque centre d'exploitation, le service sanitaire fonctionnera gratuitement.

Une maison de santé, construite sur un des points les plus sains de la colonie, recevra les hommes évacués des infirmeries.

Une école gratuite sera établie dans chaque centre d'exploitation contenant 500 colons.

Les centres qui auront plus de mille colons, auront un aumônier.

Toute personne en entrant dans la Société à quelque titre que ce soit, recevra un exemplaire du règlement disciplinaire qui doit régir tous les membres de la Société; il devra s'y conformer.

Toutes les marchandises, tous les colis pour le service de la Société, ou pour les membres de l'association à quelque titre qu'ils appartiennent, seront transportés par les steamers de la Société.

Les colons et employés de la Société à quelque titre qu'ils appartiennent seront transportés gratuitement et rapatriés de même.

Toute personne en entrant dans la Société à quelque titre que ce soit, pourra prendre des actions de la Société de colonisation.

Il versera 200 francs en souscrivant.

— 200 francs un an après son entrée dans la Société.

TRAVAUX D'ÉTUDE

Deux commissions composées chacune d'elles d'un ingénieur des ponts-et-chaussés, d'un ingénieur des mines, d'un inspecteur ou garde-général des eaux et forêts, d'un naturaliste-agronome et d'un docteur en médecine appartenant à la marine, seront chargés d'étudier le pays. Une de ces commissions parcoura la partie comprise entre le Maroni et Cayenne, l'autre, la partie comprise entre Cayenne et l'Ararouari.

Elles devront faire connaître les voies de communication à tracer, les mines et forêts à exploiter, les terrains à défricher, les produits à cultiver, et enfin les points les plus convenables au point de vue hygiénique où les centres de colonisation devront être établis.

Ces travaux dureront un an, à l'expiration de ce temps, chaque membre de la commission remettra pour ce qui le concerne, son rapport à la direction générale de la Société siégeant à Paris.

Etude faite de ces rapports, un premier départ aura lieu, composé comme suit :

1° Au point de vue du personnel, les employés de la Société attachés à la colonie et colons ouvriers ;

2° Au point de vue du matériel, tous les objets utiles à une première installation.

Dès que les baraquements seront installés et approvisionnés les départs des colons s'effectueront.

La France toujours grande, toujours généreuse, a le plus souvent travaillé pour la gloire, pour le bien de l'humanité.

La postérité devra être reconnaissante à ce noble pays, du percement des isthmes de Suez et de Panama.

Mais d'un autre côté il est malheureux et triste de voir dans bien des circonstances, l'épargne française aller à l'étranger pour ne recueillir que misère et déceptions.

Il est temps enfin que nous songions à nos propres intérêts.

Le projet que je viens d'élaborer est essentiellement patriotique ; il doit en même temps être une source de richesses pour la nation, aussi ai-je le bon espoir qu'il aura l'appui du gouvernement et l'approbation du pays.

GUSTAVE BOUSQUET

Capitaine au long cours.

Imp. Durand, rue Vital-Carles, 24, Bordeaux.